AF339531

TOAST

A

THÉODORE BARRIÈRE

PORTÉ LE 15 JANVIER 1866

AU BANQUET MOLIÈRE

PAR

G. HUGELMANN

PARIS

Imprimerie Schiller, faub. Montmartre, 10.

Les Anglais ont une habitude qu'il serait utile d'importer aujourd'hui en France. Elle consiste à exprimer à table, sous la responsabilité exclusive de l'orateur et sans jamais engager celle des personnes qui l'écoutent, son opinion sur les choses du moment.

La table est la seconde tribune de l'Angleterre. Ne pourrait-elle être momentanément la première pour la France?

Je porte un toast à M. Théodore Barrière; et, à ce propos, je vous demande la permission de le développer en quelques mots dont je revendique exclusivement d'avance toute la responsabilité.

Dans la plupart des livres sacrés qui nous ont transmis les premières révélations du progrès, il est question d'une lutte entre l'homme et la divinité. L'homme ne veut pas que ses épaules touchent le sol, et la divinité lui sait gré de ne point avoir subi, quoique émanant d'elle-même, cette outrageante humiliation. Une force qui n'est point celle d'en haut paraît vouloir à notre époque précipiter l'humanité dans la fange. Cette force pourrait-elle ce que n'a pu la divinité? Dieu merci, nous sommes là pour affirmer que l'homme saura encore se dégager au moment décisif des étreintes qui essaient de le paralyser.

Ce triomphe sera dû à la lutte de la conviction contre l'indifférence.

Le devoir de l'Art, Messieurs, n'est pas plus de se soumettre à l'incohérente volonté des foules que de se prêter au caprice absolu des rois ; et après avoir donné le spectacle sublime de son indépendance vis-à-vis des papes eux-mêmes, l'art serait indigne de son rôle s'il se traînait à la remorque des peuples. Les peuples, du reste, pas plus que les souverains capables de les gouverner, ne se complaisent à l'abaissement de l'Art et n'accordent leur estime aux écrivains qui croient les flatter en le faisant descendre des hauteurs où ils aspirent à être élevés par lui.

Les grandes époques sont celles où les représentants des rois ou des peuples laissent à l'Art toutes ses libertés avec la certitude qu'il en usera au profit de tous ; et cette conduite est la meilleure preuve de leur foi dans la vitalité des pouvoirs qu'ils servent.

Tristes au contraire sont les époques où l'Art est un épouvantail. Plus tristes encore sont celles où il en vient à se complaire dans l'abdication successive de ses droits. Ceux qui sont demeurés fidèles à son culte n'ont plus alors qu'à s'ouvrir les artères, comme au temps où les dieux s'en allaient de Rome , ou qu'à réagir contre cette abdication jusqu'à ce que le sacrifice de leur liberté ou de leur vie ait rallumé quelque lueur dans l'âme de ceux qui les ont vus combattre.

Remarquez bien, Messieurs, que je ne parle point ici de choses étrangères à mon sujet. L'Art est au-dessus de la politique ; et, pour cette rai-

son, les souverains et les peuples dont l'autorité
n'est point exploitée par d'indignes représentants,
lui permettent de marcher de pair avec la souveraineté, comme aux temps où Euripide par-
lait à toute la Grèce, où Michel-Ange traitait avec
Jules II, où Corneille tenait tête au cardinal-
ministre et affirmait la grandeur de Richelieu en
faisant prévaloir contre lui la sublimité du *Cid*.

Il est vrai que, pour mériter l'exercice de cette
influence, l'Art ne doit pas lui-même descendre
des régions où Dieu l'a placé ; il est vrai que, de-
puis le commencement de ce siècle, les plus auto-
risés de ses enfants ont ambitionné, à tort, d'être
les réalisateurs des idées qu'ils auraient dû se
contenter d'émettre. De là, le prétexte dont on
se sert pour l'empêcher aujourd'hui de reprendre sa place à côté de la souveraineté reconsti-
tuée, comme si rien pouvait être consolidé pour
nous, tant qu'une seule des forces qui concou-
rent d'ordinaire au développement des sociétés
aura en France le droit de se dire opprimée ou
continuera d'être abâtardie.

Lorsque l'immense majorité de nos conci-
toyens eut fixé par un vote les bases sur les-
quelles il plaisait à la France de se rasseoir dé-

finitivement; lorsqu'elle eut protesté, plus encore par Malakoff et par Solferino que par le scrutin qui a refait l'Empire, de son inébranlable résolution d'être gouvernée en vertu des principes dont l'Europe a vainement martyrisé l'apôtre, quel esprit pouvait croire que l'Art serait obligé de se maintenir dans les limites de la négation en face de la magnifique affirmation du pays? quel esprit pouvait croire que tous les obstacles seraient opposés à l'Art, justement et plus particulièrement lorsqu'il tenterait de faire triompher les idées capables de donner au rétablissement de l'Empire sa plus large signification? quel esprit pouvait croire que l'Art ne serait point convié à reprendre son élan vers le sublime, mais qu'il serait même encouragé au contraire toutes les fois qu'il se résignerait ou s'abaisserait à produire des œuvres dont rougissent eux-mêmes, trop souvent, ceux qui sont obligés de les interpréter?

Voilà pourtant où nous en sommes!

M. Théodore Barrière a rendu un immense service à l'Art en mettant le souverain et le pays à même de constater que si la pensée française a réagi dans le monde entier contre les honteuses tendances de 1815, elle n'a point encore triomphé à Paris des descendants et des disciples de ceux qui se firent gloire alors d'avoir trahi les premiers.

Pour plaire à cette minorité, faut-il donc que la France mutile son histoire ; faut-il retarder indéfiniment le développement intellectuel de l'humanité? Ce serait non-seulement sacrifier à cette minorité les espérances du pays, mais compromettre la souveraineté même dans laquelle il a eu foi pour le reconstituer.

L'engourdissement et la dépravation de l'Art produisent la corruption, cette phase avancée de la décadence ; la corruption engendre le mépris de toutes les autorités, de tous les principes ; et quand le scepticisme s'est emparé des masses, le danger ne saurait être loin. Donc, ceux-là mêmes qui croient conjurer le péril dont ils se sentent menacés, en empêchant l'Art de s'affirmer de pair avec le pouvoir, ne font que hâter le cataclysme.

Jetons un instant les regards autour de nous, Messieurs, et voyons si, en effet, la situation est aussi grave que je viens de l'affirmer.

Rappelons-nous d'abord de combien d'éta-

blissements publics nous sommes obligés d'éloigner nos femmes et nos filles, nous qu'un long commerce avec les excentricités de la vie moderne doit avoir cependant cuirassés. Constatons, avec une amère tristesse, la façon dont nos excellents comiques, habitués jadis à exciter le rire par l'expression la plus hardie des audaces de l'esprit français, sont entraînés aujourd'hui sur une pente au bout de laquelle ils sont obligés d'accepter pour confrères, non pas seulement le rebut des femmes galantes, mais la lie des proxénètes. Suivons devant les tribunaux la compagnie qui a l'honneur d'être la gardienne de l'héritage de Molière, et déplorons qu'elle soit obligée de rester muette, quand on révèle dans quelles conditions elle s'est vue obligée d'augmenter le nombre de ses sociétaires. Avouons-nous enfin que l'idée une fois sacrifiée à la forme, la forme a vite été immolée à un soi-disant réalisme, de peur que la beauté du style ne fît regretter la beauté de la pensée, et que le culte des genres élevés n'inspirât tôt ou tard l'idée de s'en servir encore pour animer des types dont la résurrection produirait infailliblement sur les eunuques de l'Art l'effet que pro-

duit la statue du commandeur sur le **Don Juan du**
Festin de Pierre.

Eh bien ! je vous le demande, Messieurs, les
conséquences de ce déplorable état de choses ne
sont-elles pas un danger plus grand pour le pouvoir que l'expression d'idées généreuses noble-
ment traduites par des interprètes respectés? Le
jeune homme qui aura vu successivement tourner
en ridicule, aux applaudissements de la foule
égarée, toutes les vertus, tous les principes, tous
les hommes que la philosophie et l'histoire
avaient jusqu'ici proposés pour modèles, sera-t-il
plus disposé à servir dignement le pays et le souverain que s'il avait entendu la foule, ramenée
vers le beau, flétrir de ses acclamations répulsives
les scènes ignobles de 1815, décrites par la plume
vengeresse d'un écrivain convaincu? Vous tous,
frappés dans la personne d'un des vôtres, qui ré-
clamait pour le théatre le respect dû à toutes les
manifestations de l'esprit humain, ne vous senti-
riez-vous pas plus disposés au dévouement et aux
sacrifices si la réparation se faisait moins atten-
dre ? Les ouvriers, qui lisent aujourd'hui, qui
savent, qui comprennent, et qui n'assistent qu'a-
vec un dégoût railleur aux exhibitions des cafés-

concerts, auront-ils plus de respect pour les fonctionnaires qu'ils coudoient devant le tréteau de la *Femme à barbe* qu'ils n'en auraient pour les dignes représentants du souverain applaudissant à la flétrissure imposée par le héros de Théodore Barrière au symbole armorié de la trahison ?

La réponse ne saurait être douteuse.

Le danger vrai, au point de vue de l'Art, résulte de ce qui est, de ce que l'on tolère, de ce que l'on encourage. Le salut naîtrait de ce que l'on entrave, de ce que l'on proscrit.

Amusez, flattez, étourdissez la foule, semble-t-on dire aux directeurs de théâtre, accueillis de préférence s'ils ont pour unique programme la satisfaction des grossiers appétits du plus grand nombre. Et ces malheureux entrepreneurs de divertissements publics, courbés dans leur bureau devant le bilan des plaisirs populaires, en sont réduits à se demander quelle monstruosité nouvelle il leur faudra découvrir pour obtenir de l'argent des masses, tout en les empêchant de réfléchir.

Le souverain s'est inquiété, avec raison, de ne point voir surgir à côté de lui en assez grand nombre des intelligences capables de comprendre son œuvre dans les régions pures de l'Art. On lui a dit que la liberté des théâtres pouvait seule produire ce résultat : en effet, quand l'autorité écarte d'elle la responsabilité d'une impulsion quelconque, cette impulsion ne peut plus être demandée qu'aux masses. Mais la liberté des théâtres n'est devenue que la liberté de multiplier les endroits où le peuple peut voir, à bas prix, les plus belles de ses filles étaler leurs charmes et prostituer leur intelligence. L'influence occulte qui avait empêché l'Art de prêter son concours au souverain devait naturellement l'empêcher de le prêter au peuple.

Je crois, moi, que l'impulsion artistique aurait dû venir d'en haut ; que le pouvoir ne devait pas reculer devant la création d'une littérature qui lui fût propre. Il n'avait qu'à ouvrir à l'Art de vastes horizons au lieu d'attacher ses ailes avec des liens d'or. Mais je ne doute pas non plus que cette littérature ne puisse naître de la liberté, quand la liberté cessera d'être un leurre. Ce que je veux établir, c'est que, du moment où rien n'apparaît à l'horizon de l'Art, les hommes qui croient au salut par la liberté, comme ceux qui y croient par la dictature, ne peuvent faire autrement que de se mettre d'accord pour déclarer que ce qui existe est funeste, et que cela doit cesser dans l'intérêt du pays et de la dynastie. C'est alors que les écrivains comme Théodore Barrière, qui ont eu le bonheur de s'affirmer par l'indépendance, écrivent *Malheur aux vaincus;* c'est alors que les hommes qui, ayant écrit sur leur blason : *Je sers*, ont eu la patience d'exposer jusqu'à leur réputation pour prouver leur dévouement, déclarent, à haute voix, qu'ils ne veulent pas contribuer plus longtemps à accroître le danger en sanctionnant par une silencieuse résignation la profanation de leur idéal.

Un mot encore, et je termine.

Lorsque l'Art, dans la personne de Molière, fut exposé à des périls analogues à ceux qui le menacent aujourd'hui, le souverain, qui s'appelait alors Louis XIV, fit asseoir à sa table l'auteur du *Tartuffe* et du *Misanthrope*. L'entourage du monarque se le tint pour dit: le siècle de Louis XIV fut le grand siècle!

Aujourd'hui que le pouvoir attend de l'opinion et de l'initiative particulière le signal des nobles choses; aujourd'hui qu'il fait consister sa gloire à n'être que l'expression de la volonté du

pays, établissons par tous les moyens à notre portée que la France est d'accord avec
l'Empereur pour ne pas vouloir que la négation prévaille ; donnons la première place dans
nos vœux publics aux hommes de courage et
d'affirmation ; soutenons, en les acclamant, que
le triomphe de ces hommes consoliderait l'Empire et protestons sans cesse contre les courti-
sans dont la frayeur est une injure à notre loyauté ;
enfin honorons, dans leurs tentatives, les écrivains qui ne veulent pas plus se prêter à l'immo-
lation de l'idée qu'à la prostitution de la forme,
et qui croient qu'après Corneille, Racine, Hugo,
Delavigne et Musset, la France peut encore ajou-
ter de nouvelles étoiles au firmament *de l'Art !*

Voilà, messieurs, pourquoi je vous propose
de boire à M. Théodore Barrière.